ARLEQUIN

POLI

PAR L'AMOUR,

COMEDIE.

REPRESENTE'E PAR LES
Comediens Italiens de Son Alteſſe Royale,
Monſeigneur LE DUC D'ORLEANS.

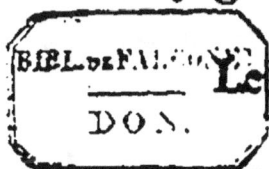

Le prix eſt de 25. ſols.

A PARIS,

Chez la Veuve GUILLAUME, Quai des
Auguſtins, au coin de la ruë Pavée,
au Nom de Jeſus.

M. DCC. XXIII.
Avec Approbation, & Privilege du Roys

ACTEURS
de la Comedie

LA FÉE.

TRIVELIN, domestique de la Fée.

ARLEQUIN, jeune homme enlevé par la Fée.

SILVIA, Bergere, Amante d'Arlequin.

Un BERGER, amoureux de Silvia.

Autre BERGERE Cousine de Silvia.

Troupe de DANSEURS & CHANTEURS.

Troupe de LUTINS.

ARLEQUIN

POLI
PAR L'AMOUR.

❖❖❖❖❖❖❖❖❖❖❖❖❖❖❖❖❖❖❖❖❖❖❖❖

SCENE PREMIERE.

Le Jardin de la Fée est representé.

LA FE'E, TRIVELIN.

TRIVELIN, *à la Fée qui soûpire.*

Vous soûpirés, Madame, & malheureusement pour vous, vous risquez de soûpirer long-tems si votre raison ni met ordre ; me permettrez-vous de vous dire ici mon petit sentiment ?

LA FE'E.

Parles.

A ij

TRIVELIN.

Le jeune homme que vous avez enlevé à
ses parens, est un beau brun, bien fait; c'est
la figure la plus charmante du monde ; il
dormoit dans un bois quand vous le vîtes,
& c'étoit assûrément voir l'Amour endormi;
je ne suis donc point surpris du penchant
subit qui vous a pris pour lui.

LA FE'E.

Est-il rien de plus naturel que d'aimer ce
qui est aimable ?

TRIVELIN.

Oh sans doute ; cependant avant cette
avanture, vous aimiez assez le grand enchanteur Merlin.

LA FE'E.

Eh bien, l'un me fait oublier l'autre : cela est encore fort naturel.

TRIVELIN.

C'est la pure nature ; mais il reste une petite observation à faire : c'est que vous en-
levez le jeune homme endormi; quand, peu
de jours après vous allez épouser le même
Merlin qui en a votre parole. Oh ! cela de-
vient serieux ; & entre nous, c'est prendre
la nature un peu trop à la lettre ; cependant
passe encore; le pis qu'il en pouvoit arriver,
c'étoit d'être infidelle, cela seroit très-vilain
dans un homme , mais dans une femme, cela est plus supportable: quand une femme
est fidelle , on l'admire ; mais il y a des fem-

mes modeſtes qui n'ont pas la vanité de
vouloir être admirées ; vous êtes de celles-
la, moins de gloire, & plus de plaiſir, à la
bonne heure.

LA FE'E.

De la gloire, à la place où je ſuis, je ſerois une grande duppe de me gener pour ſi
peu de choſe.

TRIVELIN.

C'eſt bien dit, pourſuivons : vous por-
tez le jeune homme endormi dans votre Pa-
lais, & vous voila à guetter le moment de
ſon réveil ; vous êtes en habit de conquête,
& dans un attirail digne du mépris genereux
que vous avez pour la gloire, vous vous at-
tendiez de la part du beau garçon à la ſurpriſe la plus amoureuſe ; il s'éveille, & vous
ſaluë du regard le plus imbécile que jamais
nigaud ait porté : vous vous approchez, il
bâille deux ou trois fois de toutes ſes forces,
s'allonge, ſe retourne & ſe rendort ; voilà
l'hiſtoire curieuſe d'un réveil qui promet-
toit une ſcene ſi intereſſante. Vous ſortez en
ſoûpirant de dépit, & peut-être chaſſée par
un ronflement de baſſe-taille, auſſi nourri
qu'il en ſoit ; une heure ſe paſſe, il ſe réveille
encore, & ne voïant perſonne auprès de
lui, il crie : eh ! à ce cris galant, vous ren-
trez ; l'Amour ſe frottoit les yeux : que
voulez-vous, beau jeune homme, lui dites-
vous, je veux goûter, moi, répond-il,

mais n'êtes-vous point surpris de me voir, a oûtez-vous, eh mais oüi, répart il. Depuis quinze jours qu'il est ici, sa conversation a toûjours été de la même force ; cependant vous l'aimez, & qui pis est, vous laissez penser à Merlin qu'il va vous épouser, & votre dessein, m'avez-vous dit, est, s'il est possible, d'épouser le jeune homme ; franchement si vous les prenez tous deux, suivant toutes les regles, le second mari doit gâter le premier !

LA FE'E

Je vais te répondre en deux mots : la figure du jeune homme en question m'enchante ; j'ignorois qu'il eût si peu d'esprit quand je l'ai enlevé. Pour moi, sa bêtise ne me rebute point : j'aime, avec les graces qu'il a déja, celles que lui prêtera l'esprit quand il en aura. Quelle volupté de voir un homme aussi charmant, me dire à mes pieds, je vous aime. Il est déja le plus beau brun du monde : mais sa bouche, ses yeux, tous ses traits seront adorables, quand un peu d'amour les aura retouchez. Mes soins reussiront peut-être à lui en inspirer. Souvent il me regarde ; & tous les jours je touche au moment où il peut me sentir & se sentir lui-même : Si cela lui arrive, sur le champs, j'en fais mon mari ; cette qualité le mettra alors à l'abri des fureurs de Merlin : mais avant cela, je n'ose mécon-

tenter cet enchanteur, auſſi puiſſant que moi
& avec qui je differerai le plus long-tems
que je pourrai.

TRIVELIN.

Mais ſi le jeune homme n'eſt jamais, ni
plus amoureux, ni plus ſpirituel, ſi l'édu-
cation que vous tâchez de lui donner ne
réuſſit pas, vous épouſerez donc Merlin?

LA FE'E.

Non, car en l'épouſant même je ne pour-
rois me déterminer à perdre de vûë l'autre : & ſi jamais il venoit à m'aimer, toute mariée que je ſerois, je veux bien te
l'avouer, je ne me fierois pas à moi.

TRIVELIN.

Oh, je m'en ſerois bien douté, ſans que
vous me l'euſſiez dit : Femme tentée, &
femme vaincuë, c'eſt tout un : mais je vois
nôtre bel imbecile qui vient avec ſon maître à danſer.

SCENE II.

ARLEQUIN *entre la tête dans l'eſtomach,*
ou de la façon niaiſe dont il voudra,

SON MAISTRE A DANSER,
LA FE'E, TRIVELIN.

LA FE'E.

EH bien aimable Enfant, vous me pa-
roiſſez triſte : y a-t-il quelque choſe
ici qui vous déplaiſe ?

ARLEQUIN.

Moi, je n'en ſçais rien.

TRIVELIN *rit.*

LA FE'E *à Trivelin.*

Oh ! je vous prie ne riez pas, cela me fait
injure, je l'aime, cela vous ſuffit pour le
reſpecter.

Pendant ce temps Arlequin prend des Mou-
ches, la Fée continuant à parler à Arlequin:

Voulez-vous bien prendre votre leçon,
mon cher enfant ?

ARLEQUIN, *comme n'ayant pas entendu.*

Hem.

LA FE'E.

Voulez-vous prendre votre leçon, pour
l'amour de moi ?

ARLEQUIN.

Non.

LA FE'E.

Quoi ! vous me refufez fi peu de chofe, à moi qui vous aime ?

Alors Arlequin lui voit une groffe bague au doigt, il lui va prendre la main, regarde la bague, & leve la tête en fe mettant à rire niaifement.

LA FE'E.

Voulez-vous que je vous la donne ?

ARLEQUIN.

Oui da.

La Fée tire la bague de fon doigt, & lui prefente, comme il la prend groffierement elle lui dit :

Mon cher Arlequin, un beau garçon comme vous, quand une dame lui prefente quelque chofe, doit baifer la main en le recevant.

Arlequin alors prend goulument la main de la Fée qu'il baife :

LA FE'E *dit :*

Il ne m'entend pas, mais du moins fa méprife m'a fait plaifir.

Elle ajoûte :

Baifez la votre à prefent.

Arlequin alors baife le deffus de fa main.

La Fée foupire, & lui donnant fa bague lui dit

La voila en revanche reçevez votre leçon ;

alors le maître à danfer apprend à Arlequin

à faire la reverence.

Arlequin égaye cette Scene de tout ce que son genie peut lui fournir de propre au sujet.

ARLEQUIN.

Je m'ennuie.

LA FE'E.

En voila donc assez : nous allons tâcher de vous divertir.

Arlequin alors saute de joie du divertissement proposé, & dit en riant :

Divertir, divertir.

SCENE III.

Une Trouppe de Chanteurs & Danseurs,

LA FE'E, ARLEQUIN,

TRIVELIN.

La Fée fait asseoir Arlequin alors auprès d'elle sur un banc de gazon, qui sera auprès de la Grille du Théâtre ; pendant qu'on danse Arlequin sifle.

UN CHANTEUR *à Arlequin.*

BEau brunet, l'amour vous appelle.

A ce vers Arlequin se leve niaisement, & dit :

Je ne l'entends pas , où est-il ? *Il l'appelle,*
Hé, hé.

LE CHANTEUR *continuë.*
Beau brunet l'Amour vous appelle.

ARLEQUIN *en se rassoiant, dit :*
Qu'il crie donc plus haut.

LE CHANTEUR *continuë en lui montrant*
la Fée.

Voïez-vous cet objet charmant ,
Ses yeux dont l'ardeur éteincelle
Vous repetent à tout moment :
Beau brunet l'amour vous appelle.

ARLEQUIN *alors en regardant les yeux de*
la Fée, dit :
Dame , cela est drôle.

UNE CHANTEUSE BERGERE
vient , & dit à Arlequin :
Aimez, aimez , rien n'est si doux.

ARLEQUIN *là-dessus répond :*
Apprenez , apprenez-moi cela.

LA CHANTEUSE *continue en le regardant :*
Ah ! que je plains votre ignorance.
Quel bonheur pour moi quand j'y pense !
Elle montre le Chanteur.
Qu'Athis en sache plus que vous.

LA FE'E *alors en se levant dit à Arlequin :*
Cher Arlequin , ces tendres Chansons ne
vous inspirent elles rien ? Que sentez-vous ?

ARLEQUIN.
Je sens un grand appetit.

TRIVELIN.

C'eſt-à-dire qu'il ſoûpire après ſa collation, mais voici un païſan qui veut vous
donner le plaiſir d'une danſe de village ,
après quoi nous irons manger.

UN PAYSAN *danſe.*

LA FE'E *ſe raſſit , & fait aſſeoir Arlequin
qui s'endort ; quand la danſe finit , la Fée le tire
par le bras & lui dit en ſe levant :*

Vous vous endormez, que faut-il donc
faire pour vous amuſer ?

ARLEQUIN *en ſe réveillant pleure.*

Hi , hi , hi , mon pere, eh je ne vois point
ma mere !

LA FE'E *à Trivelin.*

Emmenez-le , il ſe diſtraira peut-être en
mangeant , du chagrin qui le prend ; je
ſors d'ici pour quelques momens ; quand il
aura fait collation , laiſſez-le ſe promener
où il voudra.

Ils ſortent tous.

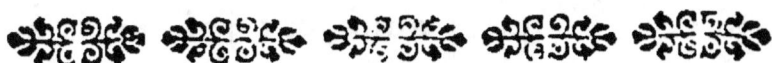

SCENE IV.

La Scene change & represente au loin quelques Moutons qui paissent.

Silvia entre sur la Scene en habit de Bergere, une houlette à la main, un Berger la suit.

SILVIA, LE BERGER.

LE BERGER.

Vous me fuïez, belle Silvia ?

SILVIA.

Que voulez-vous que je fasse, vous m'entretenez d'une chose qui m'ennuie, vous me parlez toujours d'amour.

LE BERGER.

Je vous parle de ce que je sens.

SILVIA.

Oui, mais je ne sens rien, moi.

LE BERGER.

Voila ce qui me desespere.

SILVIA.

Ce n'est pas ma faute, je sais bien que toutes nos Bergeres ont chacune un Berger qui ne les quitte point ; elles me disent qu'elles aiment, qu'elles soûpirent, elles y trouvent leur plaisir, pour moi je suis bien malheureuse, depuis que vous dites que

vous foûpirez pour moi , j'ai fait ce que j'ai
pû pour foûpirer auffi , car j'aimerois autant qu'une autre à être bien aîie , s'il y
avoit quelque fecret pour cela , tenez , je
vous rendrois heureux tout d'un coup, car je
fuis naturellement bonne.

LE BERGER.

Hélas ! pour de fecret je n'en fçais point
d'autre que celui de vous aimer moi-même.

SILVIA.

Apparemment que ce fecret-là ne vaut
rien , car je ne vous aime point encore, &
j'en fuis bien fâchée ; comment avez-vous
fait pour m'aimer , vous ?

LE BERGER.

Moi , je vous ay vûë : voila tout.

SILVIA.

Voïez quelle différence ; & moi plus je
vous vois & moins je vous aime, n'importe , allez , allez , cela viendra peut-être ,
mais ne me genez point ; par éxemple , à
préfent , je vous hairois fi vous reftiez ici.

LE BERGER.

Je me retirerai donc puifque c'eft vous plai-
re , mais pour me confoler , donnez-moi
votre main que je la baife.

SILVIA.

Oh non ! on dit que c'eft une faveur , &
qu'il n'eft pas honnête d'en faire , & cela
eft vrai, car je fçais bien que les Bergeres

se cachent de cela.

LE BERGER.

Personne ne nous voit.

SILVIA.

Oui, mais puisque c'est une faute, je ne veux point la faire qu'elle ne me donne du plaisir comme aux autres.

LE BERGER.

A dieu donc, belle Silvia, songez quelquefois à moi.

SILVIA.

Oui, oui.

SCENE V.

SILVIA, ARLEQUIN, *mais il ne vient qu'un moment après que Sylvia a été seule.*

SILVIA.

QUe ce Berger me déplaît avec son amour ! toutes les fois qu'il me parle, je suis toute de méchante humeur : *& puis voyant Arlequin ; mais qui est-ce qui vient là ! ah mon Dieu le beau garçon !*

ARLEQUIN *entre en jouant au volan, il vient de cette façon jusqu'aux pieds de Silvia : là il laisse en jouant tomber le volan, & en se baissant pour le ramasser, il voit Silvia, il de-*

meure étonné & courbé ; petit à petit & par
secousses il se redresse le corps : quand il s'est
entierement redressé , il la regarde, elle hon-
teuse feint de se retirer dans son embarras , il
l'arrête , & dit :

Vous êtes bien pressée ?

SILVIA.

Je me retire , car je ne vous connois pas.

ARLEQUIN.

Vous ne me connoissez pas ? tampis ; faisons connoissance , voulez-vous ?

SILVIA *encore honteuse.*

Je le veux bien.

ARLEQUIN *alors s'aproche d'elle , &*
lui marque sa joie par de petits ris , & dit

Que vous êtes jolie !

SILVIA.

Vous êtes bien obligeant.

ARLEQUIN.

Oh point , je dis la verité.

SILVIA *en riant un peu à son tour.*

Vous êtes bien joli aussi , vous.

ARLEQUIN.

Tant mieux : où demeurez-vous , je vous
irai voir ?

SILVIA.

Je demeure tout prêt , mais il ne faut pas
venir; il vaut mieux nous voir toûjours ici ,
parce qu'il y a un Berger qui m'aime, il seroit jaloux , & il nous suivroit.

ARLEQUIN.

ARLEQUIN.

Ce Berger-là vous aime ?

SILVIA.

Oui.

ARLEQUIN.

Voïez donc cet impertinent , je ne le veux pas moi : est-ce que vous l'aimez , vous ?

SILVIA.

Non , je n'en ai jamais pû venir à bout.

ARLEQUIN.

C'est bien fait, il faut n'aimer personne que nous deux ; voïez si vous le pouvez?

SILVIA.

Oh de reste , je ne trouve rien de si aisé.

ARLEQUIN.

Tout de bon ?

SILVIA.

Oh je ne mens jamais; mais où demeurez-vous aussi ?

ARLEQUIN *lui montrant du doigt.*

Dans cette grande maison.

SILVIA.

Quoi, chez la Fée ?

ARLEQUIN.

Oui.

SILVIA *tristement.*

J'ai toûjours eû du malheur.

ARLEQUIN *tristement aussi.*

Qu'est-ce que vous avez, ma chere amie ?

B

SILVIA.

C'eſt que cette Fée eſt plus belle que
moi, & j'ai peur que nôtre amitié ne tien-
ne pas.

ARLEQUIN *impatiemment.*

J'aimerois mieux mourir.

Et puis tendrement.

Allez, ne vous affligez pas, mon petit
cœur.

SILVIA.

Vous m'aimerez donc toûjours?

ARLEQUIN.

Tant que je ſerai en vie.

SILVIA.

Ce ſeroit bien dommage de me tromper,
car je ſuis ſi ſimple : mais mes moutons
s'écartent, on me gronderoit s'il s'en per-
doit quelqu'un : il faut que je m'en aille :
Quand reviendrez vous ?

ARLEQUIN *avec chagrin.*

Oh! que ces moutons me fâchent.

SILVIA.

Et moi auſſi, mais que faire, ſerez-vous
ici ſur le ſoir ?

ARLEQUIN.

Sans faute,

en diſant cela, il lui prend la main & il ajoûte:

Oh les jolis petits doigts!

Il lui baiſe la main, & dit :

Je n'ai jamais eû de bonbon, ſi bon que
cela.

Silvia rit, & dit :

A dieu donc, *& puis à part :* voila que je soupire, & je n'ai point eu de secret pour cela.

Elle laisse tomber son mouchoir en s'en allant : Arlequin le ramasse & la rapelle pour lui donner.

ARLEQUIN.

Mon amie?

SILVIA.

Que voulez-vous, mon Amant ? *& puis voyant son mouchoir entre les mains d'Arlequin :* Ah! c'est mon mouchoir, donnez.

ARLEQUIN *le rend, & puis retire la main ; il hésite, & enfin il le garde, & dit :*

Non je veux le garder, il me tiendra compagnie : qu'est-ce que vous en faites ?

SILVIA.

Je me lave quelquefois le visage, & je m'essuie avec.

ARLEQUIN *en le déployant :*

Et par où vous sert-il, afin que je le baise par-là.

SILVIA *en s'en allant :*

Par tout, mais j'ai hâte, je ne vois plus mes Moutons ; à dieu, jusqu'à tantôt.

ARLEQUIN *la salüe en faisant des singeries, & se retire aussi.*

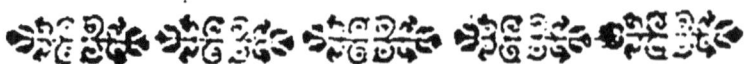

SCENE VI.

La Scene change, & represente le Jardin de la Fée.

LA FE'E, TRIVELIN.

LA FE'E.

EH bien ! notre jeune homme, a-t-il goûté ?

TRIVELIN.

Oui, goûté comme quatre : il excelle en fait d'appétit.

LA FE'E.

Où est-il à present ?

TRIVELIN.

Je crois qu'il jouë au volan dans les prairies ; mais, j'ai une nouvelle à vous apprendre.

LA FE'E

Quoi, qu'est-ce que c'est ?

TRIVELIN.

Merlin est venu pour vous voir.

LA FE'E.

Je suis ravie de ne m'y être point rencontrée, car c'est une grande peine que de feindre de l'amour pour qui l'on n'en sent plus.

TRIVELIN.

En verité, Madame, c'est bien dommage

que ce petit innocent l'ait chassé de votre
cœur ? Merlin est au comble de la joie, il
croit vous épouser incessamment. Imagines-
tu quelque chose de si beau qu'elle, me di-
soit-il tantôt, en regardant votre portrait ?
Ah ! Trivelin, que de plaisirs m'attendent?
mais je vois bien que de ces plaisirs-là, il
n'en tâtera qu'en idée, & cela est d'une triste ressource quand on s'en est promis la
belle & bonne réalité. Il reviendra ; comment vous tirerez-vous d'affaire avec lui?

LA FE'E.

Jusqu'ici je n'ai point encore d'autre par-
ti à prendre que de le tromper.

TRIVELIN.

Eh ! n'en sentez-vous pas quelque re-
mords de conscience?

LA FE'E.

Oh ! j'ai bien d'autres choses en tête, qu'à
m'amuser à consulter ma conscience sur
une bagatelle.

TRIVELIN *à part.*

Voila ce qui s'appelle un cœur de femme
complet.

LA FE'E.

Je m'ennuie de ne point voir Arlequin ; je
vais le chercher, mais le voila qui vient à
nous : Qu'en dis-tu Trivelin ? il me semble
qu'il se tient mieux qu'à l'ordinaire.

B iij

SCENE VII.

Arlequin arrive tenant en main le mouchoir de Silvia qu'il regarde, & dont il se frotte tout doucement le visage.

LA FE'E, TRIVELIN.

LA FE'E *continuant de parler à Trivelin.*

JE suis curieuse de voir ce qu'il fera tout seul, mets-toi à côté de moi, je vais tourner mon anneau qui nous rendra invisibles.

ARLEQUIN *arrive au bord du Theatre, & il saute en tenant le mouchoir de Silvia, il le met dans son sein, il se couche, & se roule dessus, & tout cela gayement.*

LA FE'E *à Trivelin.*

Qu'est-ce que cela veut dire, cela me paroît singulier ; où a-t il pris ce mouchoir ? ne seroit-ce pas un des miens qu'il auroit trouvé? ah ! si cela étoit, Trivelin, toutes ces postures-là seroient peut-être de bonne augure?

TRIVELIN.

Je gagerois moi que c'est un linge qui sent le musc.

LA FE'E.

Oh non ! je veux lui parler, mais éloignons-

nous un peu, pour feindre que nous arri-
vons.

*Elle s'éloigne de quelques pas, pendant
qu'Arlequin se promene en long en chantant,*

Ter li ta ta li ta.

LA FE'E.

Bon jour, Arlequin.

ARLEQUIN *en tirant le pied, & mettant le
Mouchoir sous son bras:*

Je suis votre trés-humble Serviteur.

LA FE'E *à part à Trivelin:*

Comment ! voila des manieres, il ne m'en
a jamais tant dit depuis qu'il est ici.

ARLEQUIN *à la Fée.*

Madame, voulez-vous avoir la bonté de
vouloir bien me dire comment on est quand
on aime bien une personne ?

LA FE'E *charmée à Trivelin.*

Trivelin, entends-tu ? *& puis à Arlequin ;*
quand on aime, mon cher enfant . on sou-
haite toujours de voir les gens, on ne peut
se séparer d'eux ; on les perd de vûë avec
chagrin : enfin on sent des transports, des
impatiences, & souvent des desirs.

ARLEQUIN *en sautant d'aise, & comme
à part.*

M'y voila.

LA FE'E.

Est-ce que vous sentez tout ce que je dis-
là?

B iiij

ARLEQUIN *d'un air indifferent.*

Non, c'est une curiosité que j'ai.

TRIVELIN.

Il jase vraiment !

LA FE'E.

Il jase, il est vrai, mais sa réponse ne me plaît pas : mon cher Arlequin, ce n'est donc pas de moi que vous parlez?

ARLEQUIN.

Oh ! je ne suis pas un niais, je ne dis pas ce que je pense.

LA FE'E *avec feu, & d'un ton brusque.*

Qu'est-ce que cela signifie, où avez-vous pris ce mouchoir ?

ARLEQUIN *la regardant avec crainte.*

Je l'ai pris à terre.

LA FE'E.

A qui est-il ?

ARLEQUIN.

Il est à … *& puis s'arrêtant :* je n'en sçais rien. LA FE'E

Il y a quelque mistere désolant là-dessous ! Donnez-moi ce mouchoir : *elle lui arrache, & après l'avoir regardé avec chagrin,& à part,* il n'est pas à moi & il le baisoit, n'importe, cachons-lui mes soupçons, & ne l'intimidons pas, car il ne me découvriroit rien.

ARLEQUIN *alors va le Chapeau bas, & humblement lui redemande le Mouchoir.*

Aïez la charité de me rendre le Mouchoir.

LA FE'E *en soûpirant en secret.*

Tenez, Arlequin, je ne veux pas vous l'ôter puisqu'il vous fait plaisir.

ARLEQUIN *en le recevant baise la main, la saluë, & s'en va.*

LA FE'E *le regardant.*

Vous me quittez ; où allez-vous ?

ARLEQUIN.

Dormir sous un arbre.

LA FE'E *doucement.*

Allez, allez.

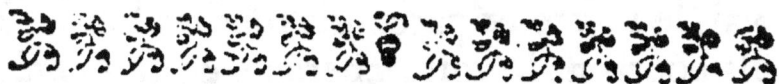

SCENE VIII.

LA · FE'E, TRIVELIN.

LA FE'E.

AH ! Trivelin, je suis perduë.

TRIVELIN.

Je vous avoüe, Madame, que voici une avanture où je ne comprends rien ; que se-roit-il donc arrivé à ce petit peste-là ?

LA FE'E *en desespoir & avec feu.*

Il a de l'esprit Trivelin, il en a, & je n'en suis pas mieux, je suis plus folle que jamais. Ah ! quel coup pour moi, que ce petit ingrat vient de me paroître aimable ! As tu vû com-me il est changé ? As-tu remarqué de quel air il me parloit ? Combien sa phisionomie étoit

devenuë fine ? & ce n'eſt pas de moi qu'il
tient toutes ces graces là ? il a déja de la dé-
licateſſe de ſentiment , il s'eſt retenu , il n'o-
ſe me dire à qui appartient le mouchoir , il
devine que j'en ſerois jalouſe ; ah! qu'il faut
qu'il ait pris d'amour pour avoir déja tant
d'eſprit : que je ſuis malheureuſe , une autre
lui entendra dire, ce , je vous aime , que j'ai
tant deſiré , & je ſens qu'il meritera d'être
adoré ; je ſuis au deſeſpoir , ſortons Trivelin ; il s'agit ici de découvrir ma rivale , je
vais le ſuivre & parcourir tous les lieux où
ils pourront ſe voir , cherches de ton côté ,
va vîte , je me meure.

La Scene change , & repreſente une prairie ,
où de loin paiſſent des Moutons.

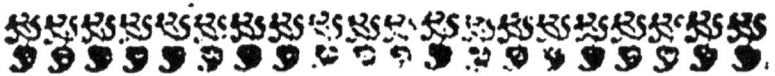

SCENE IX.

SILVIA, UNE DE SES COUSINES.

SILVIA.

ARrêtes-toi un moment , ma couſine, je
t'aurai bien-tôt conté mon hiſtoire,&
tu me donneras quelqu'avis ; tiens , j'étois
ici quand il eſt venu , dés qu'il s'eſt approché le cœur m'a dit que je l'aimois, cela eſt
admirable : il s'eſt approché auſſi , il m'a
parlé ; ſçais tu ce qu'il m'a dit ? Qu'il m'ai-
moit auſſi ; j'étois plus contente que ſi on

m'avoit donné tous les moutons du Hameau : vraiment je ne m'étonne pas si toutes nos Bergeres sont si aises d'aimer ; je voudrois n'avoir fait que cela depuis que je suis au monde, tant je le trouve charmant, mais ce n'est pas tout, il doit revenir ici bientôt, il m'a déja baisé la main, & je vois bien qu'il voudra me la baiser encore ? donne moi conseil, toi qui a eu tant d'amans ; dois-je le laisser faire ?

LA COUSINE.

Gardes-t'en bien, ma Cousine, sois bien severe, cela entretient l'amour d'un amant.

SILVIA.

Quoi, il n'y a point de moien plus aisé que cela pour l'entretenir.

LA COUSINE.

Non ; il ne faut point aussi lui dire tant que tu l'aimes.

SILVIA.

Eh ! comment s'en empêcher, je suis encore trop jeune pour pouvoir me gêner.

LA COUSINE.

Fais comme tu pourras, mais on m'attend, je ne puis rester plus long-temps ; à dieu ma Cousine.

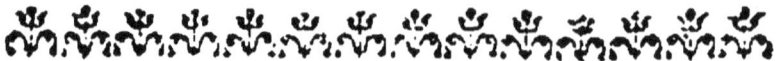

SCENE X.

SILVIA *un moment après.*

QUe je suis inquiete, j'aimerois autant ne point aimer que d'être obligée d'être severe; cependant elle dit que cela entretient l'amour, voila qui est étrange ; on devroit bien changer une maniere si incommode ; ceux qui l'ont inventée n'aimoient pas tant que moi.

SCENE XI.

SILVIA, ARLEQUIN.

Arlequin arrive.

SILVIA *en le voyant :*

VOici mon amant, que j'aurai de peine à me retenir !

Dès qu'ARLEQUIN l'apperçoit, il vient à elle en sautant de joie, il lui fait des caresses avec son chapeau, auquel il a attaché le mouchoir, il tourne autour de Silvia, tantôt il baise le mouchoir, tantôt il caresse Silvia :

Vous voila donc, mon petit cœur?

SILVIA *en riant.*

Oüi mon amant.

ARLEQUIN.

Eftes-vous bien aife de me voir ?

SILVIA.

Affez.

ARLEQUIN *en repetant ce mot :*

Affez, ce n'eft pas affez.

SILVIA.

Oh ! fi fait, il n'en faut pas davantage.

ARLEQUIN *ici lui prend la main, Silvia pa-*
roît embarraffée, Arlequin en la tenant dit :
Et moi je ne veux pas que vous difiez
comme cela. *Il veut alors lui baifer la main, en*
difant ces derniers mots.

SILVIA *retirant fa main :*
Ne me baifez pas la main au moins.

ARLEQUIN *fâché.*

Ne voila-t-il pas encore ? allez, vous êtes
une trompeufe. *Il pleure.*

SILVIA *tendrement, en lui prenant le*
menton :

Hélas ! mon petit Amant, ne pleurez pas.

ARLEQUIN *continuant de gemir :*
Vous m'aviez promis votre amitié.

SILVIA.

Eh ! je vous l'ai donnée.

ARLEQUIN.

Non, quand on aime les gens, on ne les
empêche pas de baifer fa main, *en lui offrant*
la fienne : tenez, voila la mienne, voïez fi

je ferai comme vous.

SILVIA *en se ressouvenant des conseils de*
sa Cousine.

Oh! ma Cousine dira ce qu'elle voudra,
mais je ne puis y tenir ; là, là, consolez-
vous, mon Amant, & baisez ma main, puisque vous en avez envie ; baisez, mais écou-
tez, n'allez pas me demander combien je
vous aime, car je vous en dirois toûjours
la moitié moins qu'il n'y en a, cela n'em-
pêchera pas que dans le fond je ne vous aime de tout mon cœur, mais vous ne devez
pas le sçavoir, parce que cela vous ôteroit
votre amitié, on me l'a dit.

ARLEQUIN *d'une voix plaintive.*

Tous ceux qui vous ont dit cela ont fait
un mensonge: ce sont des causeurs qui n'en-
tendent rien à notre affaire, le cœur me bat
quand je baise votre main, & que vous dites que vous m'aimez, & c'est marque que
ces choses-là sont bonnes à mon amitié.

SILVIA.

Cela se peut bien, car la mienne en va de
mieux en mieux aussi, mais n'importe, puisqu'on dit que cela ne vaut rien, faisons un
marché de peur d'accident, toutes les fois
que vous me demanderez si j'ai beaucoup
d'amitié pour vous, je vous répondrai que
je n'en ai gueres, & cela ne sera pourtant
pas vrai, & quand vous voudrez me baiser
la main, je ne le voudrai pas, & pourtant

j'en aurai envie.

ARLEQUIN *en riant.*

Eh ! eh ! cela fera drôle, je le veux bien,
mais avant ce marché-là, laiſſez-moi bai-
ſer votre main à mon aiſe, cela ne ſera pas
du jeu.

SILVIA.

Baiſez, cela eſt juſte.

ARLEQUIN *lui baiſe & rebaiſe la main,*
& après faiſant réfléxion au plaiſir qu'il vient
d'avoir, il dit :

Oh ! mais, mon amie, peut-être que le
marché nous fâchera tous deux.

SILVIA.

Eh ! quand cela nous fâchera tout de bon,
ne ſommes-nous pas les maîtres ?

ARLEQUIN.

Il eſt vrai, mon amie ; cela eſt donc arrê-
té ? SILVIA.

Oüi.

ARLEQUIN.

Cela ſera tout divertiſſant, voïons pour
voir. *Arlequin ici badine, & l'interroge pour*
rire. M'aimez-vous beaucoup ?

SILVIA.

Pas beaucoup.

ARLEQUIN *ſerieuſement.*

Ce n'eſt que pour rire au moins, autre-
ment...

SILVIA *riant :*

Eh ! ſans doute.

ARLEQUIN *pourjuivant toûjours la badinerie, & riant :*

Ah, ah, ah ! *& puis pour badiner encore :* donnez-moi votre main ma mignonne.

SILVIA.

Je ne le veux pas.

ARLEQUIN *foûriant.*

Je fçais pourtant que vous le voudriez bien.

SILVIA.

Plus que vous, mais je ne veux pas le dire.

ARLEQUIN *foûriant encore ici, & puis changeant de façon, & triftement.*

Je veux la baifer, ou je ferai fâché.

SILVIA.

Vous badinez mon Amant ?

ARLEQUIN *comme triftement toûjours.* Non.

SILVIA.

Quoi ! c'eft tout de bon ?

ARLEQUIN.

Tout de bon.

SILVIA *en lui tendant la main.* Tenez donc.

SCENE

SCENE XI.

Ici L A F E' E *qui les cherchoit arrive , & dit*
à part en retournant son Anneau :

AH ! je vois mon malheur !

A R L E Q U I N *après avoir baisé la main de*
Silvia.

Dame, je badinois.

S I L V I A.

Je vois bien que vous m'avez attrapée,
mais j'en profite aussi.

A R L E Q U I N *qui lui tient toûjours la*
main.

Voila un petit mot qui me plaît comme
tout.

L A F E' E *à part.*

Ah ! juste ciel, quel langage ! Paroif-
fons.

Elle retourne son Anneau.

S I L V I A *effraïée de la voir fait un cris.*

Ah !

A R L E Q U I N *de son côté.*

Ouf !

L A F E' E *à Arlequin avec alteration.*

Vous en sçavez déja beaucoup ?

C

ARLEQUIN embarrassé.

Eh ! eh ! je ne fçavois pourtant pas que vous étiez-là.

LA FEE en le regardant fixement.

Ingrat. *Et puis le touchant de fa Baguette.* Suivez-moi.

Après ce dernier mot elle touche auffi Silvia fans lui rien dire.

SILVIA touchée dit :

Mifericorde?

La Fée alors part avec Arlequin qui mar- che devant en filence , & comme par compas.

SCENE XII.

SILVIA feule , tremblante & fans bouger.

AH ! la méchante femme ; je tremble encore de peur : hélas ! peut-être qu'elle va tuer mon Amant , elle ne lui pardonnera jamais de m'aimer , mais je fçai bien comment je ferai : je m'en vais affem- bler tous les Bergers du Hameau, & les me- ner chez elle ; Allons.

Silvia là-deffus veut marcher, mais elle ne peut avancer un pas, elle dit :

Qu'eft-ce que j'ai donc, je ne puis me remuer.

Elle fait des efforts, & ajoûte:

Ah ! cette Magicienne m'a jetté un for-
tilege aux jambes.

*A ces mots deux ou trois Lutins viennent pour
l'enlever.*

SILVIA *tremblante.*

Ahi ! ahi ! Meſſieurs, aïez pitié de moi :
au ſecours, au ſecours.

UN DES LUTINS.

Suivez-nous, ſuivez-nous.

SILVIA.

Je ne veux pas, je veux retourner au lo-
gis.

UN AUTRE LUTIN.

Marchons.

Ils l'enlevent en criant.

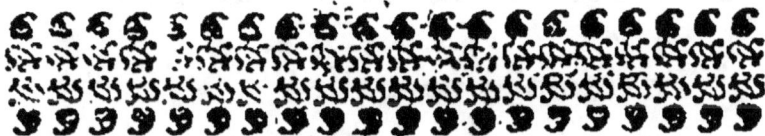

SCENE XIII.

*La Scene change, & repreſenté le Jardin
de la Fée.*

LA FE'E *paroit avec* ARLEQUIN,
*qui marche devant elle dans la même poſture
qu'il a fait cy-devant, & la tête baiſſée.*

LA FE'E

Fourbe que tu es, je n'ai pû paroître ai-

C ij

mable à tes yeux, je n'ai pû t'inspirer le moindre sentiment, malgré tous les soins & toute la tendresse que tu m'as vûë, & ton changement est l'ouvrage d'une miserable Bergere : réponds , ingrat , que lui trouves-tu de si charmant ? Parles.

ARLEQUIN *feignant d'être retombé dans sa bêtise.*

Qu'est-ce que vous voulez ?

LA FE'E.

Je ne te conseille pas d'affecter une stupidité que tu n'as plus, & si tu ne te montres tel que tu es , tu vas me voir poignarder l'indigne objet de ton choix.

ARLEQUIN *vîte & avec crainte.*

Eh ! non, non , je vous promets que j'aurai de l'esprit autant que vous le voudrez.

LA FE'E.

Tu trembles pour elle ?

ARLEQUIN.

C'est que je n'aime à voir mourir personne.

LA FE'E.

Tu me verras mourir , moi , si tu ne m'aimes.

ARLEQUIN *en la flattant.*

Ne soïez donc point en colere contre nous.

LA FE'E *en s'attendrissant.*

Ah ! mon cher Arlequin, regardes-moi, repens-toi de m'avoir desesperée, j'oublie-

rai de quelle part t'eft venu ton efprit,
mais puifque tu en as, qu'il te ferve à
connoître les avantages que je t'offre.

ARLEQUIN.

Tenez dans le fond, je vois bien que j'ai
tort; vous êtes belle & brave cent fois plus
que l'autre : mais j'enrage.

LA FE'E.

Eh ! de quoi ?

ARLEQUIN.

C'eft que j'ai laiffé prendre mon cœur par
cette petite friponne qui eft plus laide que
vous.

LA FE'E *foûpire en fecret, & dit.*

Arlequin, voudrois-tu aimer une perfonne qui te trompe, qui a voulu badiner
avec toi, & qui ne t'aime pas ?

ARLEQUIN.

Oh ! pour cela fi fait, elle m'aime à la
folie.

LA FE'E.

Elle t'abufoit, je le fçais bien, puifqu'-
elle doit époufer un berger du village qui
eft fon amant : fi tu veux, je m'en vais
l'envoïer chercher, & elle te le dira elle-
même.

ARLEQUIN *en fe mettant la main fur la
poitrine, ou fu- fon cœur.*

Tic, tac, tic, tac ; ouf, voilà des -paro-
les qui me rendent malade, *& puis vite,* allons, allons, je veux fçavoir cela, car fi

elle me trompe , jarni je vous carefferai , je vous épouferai devant fes deux yeux pour la punir.

LA FE'E.

Eh bien ! je vais donc l'envoïer chercher ?

ARLEQUIN *encore émû*.

Oüi , mais vous êtes bien fine , fi vous êtes là , quand elle me parlera , vous lui ferez la grimace , elle vous craindra , & elle n'ofera me dire rondement fa penfée.

LA FE'E.

Je me retirerai.

ARLEQUIN.

La pefte , vous êtes une forciere, vous nous jouerez un tour comme tantôt , & elle s'en doutera , vous êtes au milieu du monde & on ne voit rien ; oh ! je ne veux point que vous trichiez ; faites un ferment que vous n'y ferez pas en cachette.

LA FE'E.

Je te le jure foi de Fée.

ARLEQUIN.

Je ne fçais point , fi ce juron là eft bon , mais je me fouviens à cette heure quand on me lifoit des hiftoires , d'avoir vû qu'on juroit par le fix , le tix , oui le Styx.

LA FE'E.

C'eft la même chofe.

ARLEQUIN.

N'importe , jurez toujours ; dame puif-

que vous craignez, c'eſt que c'eſt le meil-
leur.

LA FE'E *aprés avoir rêvé.*

Eh bien ! je n'y ſerai point, je t'en jure
par le Styx, & je vais donner ordre qu'on
l'ameine ici.

ARLEQUIN.

Et moi en attendant je m'en vais gémir en
me promenant.

Il ſort.

SCENE XIV.

LA FE'E *ſeule.*

MOn ſerment me lie, mais je n'en ſçais
pas moins le moïen d'épouvanter la Bergere ſans être preſente, & il me reſte une
reſſource ; je donnerai mon Anneau à Trivelin qui les écoutera inviſible, & qui me
rapportera ce qu'ils auront dit : Appel-
lons-le, Trivelin, Trivelin.

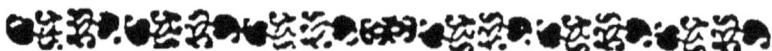

SCENE XV.

LA FE'E, TRIVELIN.

TRIVELIN *vient :*

QUe voulez-vous, Madame ?

LA FE'E

Faites venir ici cette Bergere, je veux lui parler ; & vous, prenez cette Bague, quand j'aurai quitté cette fille, vous avertirez Arlequin de lui venir parler, & vous le suivrez sans qu'il le sache pour venir écouter leur entretien, avec la précaution de retourner la Bague, pour n'être point vû d'eux, après quoi vous me redirez leurs discours : Entendez-vous, soïez éxact je vous prie ?

TRIVELIN.

Oui, Madame.

Il sort pour aller chercher Silvia.

SCENE XVI.

LA FE'E *un moment seule.*

ESt-il d'avanture plus triste que la mienne, je n'ai lieu d'aimer plus que je n'aimois, que pour en souffrir d'avantage ; cependant il me reste encore quelque esperance, mais voici ma rivale.

Silvia entre.

LA FE'E *en colere.*

Approchez, approchez.

SILVIA.

Madame, est-ce que vous voulez toûjours me retenir de force ici ? Si ce beau Garçon m'aime, est-ce ma faute ; il dit que je suis belle, dame, je ne puis pas m'empêcher de l'être ?

LA FE'E *avec un sentiment de fureur.*

Oh! si je ne craignois de tout perdre, je la déchirerois ; Ecoutez-moi, petite fille, mille tourmens vous sont préparez, si vous ne m'obéïssez.

SILVIA *en tremblant.*

Hélas! vous n'avez qu'à dire.

LA FE'E.

Arlequin va paroître ici, je vous ordonne de lui dire que vous n'avez voulu que vous divertir avec lui, que vous ne l'aimez point, & qu'on va vous marier avec un Berger du Village ; je ne paroîtrai point dans votre conversation, mais je serai à vos côtez sans que vous me voïez, & si vous n'observez mes ordres avec la derniere rigueur ; s'il vous échape le moindre mot qui lui fasse deviner que je vous aye

forcée à lui parler comme je le veux, tout
est prêt pour votre suplice.

SILVIA.

Moi, lui dire que j'ai voulu me mocquer
de lui ? cela est-il raisonnabe ? il se mettra
à pleurer & je me mettrai à pleurer aussi :
vous sçavez bien que cela est immanqua-
ble.

LA FE'E *en colere*.

Vous osez me résister ? paroissez esprits
infernaux, enchaînez-la, & n'oubliez rien
pour la tourmenter.

DES ESPRITS ENTRENT.

SILVIA *pleurant, dit*.

N'avez-vous pas de conscience de me
demander une chose impossible ?

LA FE'E *aux Esprits*.

Ce n'est pas tout ; allez prendre l'ingrat
qu'elle aime, & donnez lui la mort à ses
yeux.

SILVIA *avec exclamation*.

La mort ! Ah ! Madame la Fée, vous n'a-
vez qu'à le faire venir, je m'en vais lui dire que je le haïs, & je vous promets de ne
point pleurer du tout ; je l'aime trop pour
cela.

LA FE'E.

Si vous versez une larme, si vous ne paroissez tranquille, il est perdu & vous aussi :
aux Esprits : ôtez-lui ses fers : *à Silvia*,
quand vous lui aurez parlé je vous ferai re-

conduire chez vous si j'ai lieu d'être contente. Il va venir, attendez ici.

La Fée sort, & les Diables aussi.

SCENE XVII.

SILVIA,

un moment seule.

ACHEVONS vîte de pleurer, afin que mon Amant ne croie pas que je l'aime, le pauvre enfant, ce seroit le tuer moi-même. Ah ! maudite Fée ; mais essuïons mes yeux, le voilà qui vient.

Arlequin entre alors triste & la tête penchée, il ne dit mot jusqu'auprès de Silvia, il se présente à elle, la regarde un moment sans parler, & après Trivelin invisible entre.

ARLEQUIN.

Mon amie ?

SILVIA *d'un air libre.*

Eh bien.

ARLEQUIN.

Regarde-moi.

SILVIA *embarrassée.*

A quoi sert tout cela, on m'a fait venir

ici pour vous parler ; j'ai hâte , qu'eſt-ce
que vous voulez ?

ARLEQUIN *tendrement.*

Eſt-ce vrai que vous m'avez fourbé ?

SILVIA.

Oui , tout ce que j'ai fait , ce n'étoit que
pour me donner du plaiſir.

ARLEQUIN *s'approche d'elle tendrement,*
& lui dit :

Mon amie , dites franchement , cette coquine de Fée n'eſt point ici , car elle en a
juré , *& puis en flattant Silvia :* là , là , re-
mettez-vous , mon petit cœur : dites , êtes-
vous une perfide ? Allez, vous êtes la femme d'un vilain Berger.

SILVIA.

Oui , encore une fois , tout cela eſt vrai.

ARLEQUIN *là-deſſus pleure de toute ſa force.*

Hi , hi , hi.

SILVIA *à part.*

Le courage me manque.

ARLEQUIN *en pleurant ſans rien dire,*
cherche dans ſes poches , il en tire un petit Coû-
teau qu'il éguiſe ſur ſa manche.

SILVIA *le voïant faire.*

Qu'allez-vous donc faire ?

Alors ARLEQUIN *ſans répondre allonge*
le bras comme pour prendre ſa ſecouſſe , & ou-
vre un peu ſon eſtomach.

SILVIA *effraïée.*

Ah ! il ſe va tuer ; arrêtez-vous , mon

Amant ? j'ai été obligée de vous dire des
menteries : *& puis en parlant à la Fée qu'elle
croit à côté d'elle* : Madame la Fée , pardon-
nez-moi en quelque endroit que vous
foïez ici, vous voïez bien ce qui en eſt.

ARLEQUIN *à ces mots ceſſant ſon deſeſpoir, lui prend vîte la main , & dit.*

Ah ! quel plaiſir , ſoûtenez moi ma mour,
je m'évanoüis d'aiſe.

SILVIA *le ſoûtient.*

TRIVELIN *alors paroît tout d'un coup à
leurs yeux.*

SILVIA *dans la ſurpriſe dit :*
Ah ! voilà la Fée.

TRIVELIN.

Non , mes enfans, ce n'eſt pas la Fée,
mais elle m'a donné ſon Anneau, afin que
je vous écoutaſſe ſans être vû; ce ſeroit bien
domage d'abandonner de ſi tendres Amans
à ſa fureur : auſſi-bien ne mérite-elle pas
qu'on la ſerve , puiſqu'elle eſt infidelle au
plus genereux Magicien du monde à qui
je ſuis dévoüé : ſoïez en repos , je vais vous
donner un moïen d'aſſûrer votre bonheur.
Il faut qu'Arlequin paroiſſe mécontent de
vous, Silvia , & que de votre côté, vous
feigniez de le quitter en le raillant, je vais
chercher la Fée qui m'attend , à qui je di-
rai que vous vous êtes parfaitement ac-
quittée de ce qu'elle vous avoit ordonnée,
elle ſera témoin de votre retraite : Pour

vous, Arlequin, quand Silvia fera fortie, vous refterez avec la Fée, & alors en l'af-fûrant que vous ne fongez plus à Silvia in-fidelle, vous jurerez de vous attacher à elle, & tâherez par quelque tour d'adref-fe, & comme en badinant de lui prendre fa Baguette, je vous avertis que dès qu'elle fera dans vos mains, la Fée n'aura plus au-cun pouvoir fur vous deux; & qu'en la tou-chant elle-même d'un coup de la Baguette, vous en ferez abfolument le maître, pour lors vous pourrez fortir d'ici, & vous faire telle deftinée qu'il vous plaira.

SILVIA.

Je prie le ciel qu'il vous récompenfe.

ARLEQUIN.

Oh ! quel honnête homme ; quand j'au-rai la Baguette, je vous donnerai votre plein chapeau de liards.

TRIVELIN.

Préparez-vous, je vais emmener ici la Fée.

SCENE XVIII.

ARLEQUIN, SILVIA.

ARLEQUIN.

MA chere amie, la joie me court dans le corps, il faut que je vous baife, nous aurons bien le temps de cela.

SILVIA *en l'arrêtant.*

Taifez-vous donc mon ami, ne nous careffons pas à cette heure, afin de pouvoir nous careffer toûjours : on vient, dites-moi bien des injures, pour avoir la Baguette.

LA FÉE *entre.*

ARLEQUIN *comme en colere.*

Allons, petite coquine.

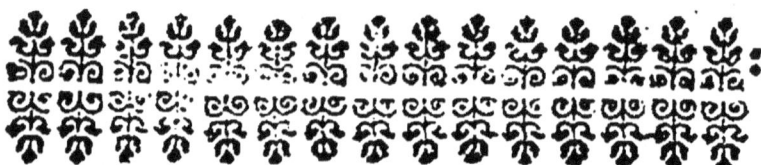

SCENE XIX.

LA FE'E, TRIVELIN,

SILVIA, ARLEQUIN.

TRIVELIN *à la Fée en entrant.*

JE crois, Madame, que vous aurez lieu
d'être contente.

ARLEQUIN *continuant à gronder
Silvia.*

Sortez d'ici, friponne, voïez cette petite effrontée : Sortez d'ici, mort de ma
vie.

SILVIA *se retirant en riant.*

Ah ! ah ! qu'il est drôle : à dieu, à dieu,
je m'en vais épouser mon Amant : un autre-
fois ne croïez pas tout ce qu'on vous dit,
petit garçon.

Et puis Silvia dit à la Fée.

Madame, voulez - vous que je m'en
aille ?

LA FE'E à *Trivelin*.
Faites-la fortir, Trivelin.
Elle fort avec Trivelin.

SCENE XX.

LA FE'E, ARLEQUIN.

LA FE'E.

JE vous avois dis la verité, comme vous voïez.

ARLEQUIN *comme indifferent.*

Oh ! je me foucie bien de cela : c'est une petite laide qui ne vous vaut pas, allez : allez à prefent, je vois bien que vous êtes une bonne perfonne : fy, que j'étois fot ; laiffez faire, nous l'attrapperons bien quand nous ferons mari & femme.

LA FE'E.

Quoi ! mon cher Arlequin, vous m'aimerez donc ?

ARLEQUIN.

Eh ! qui donc ? j'avois affûrément la vûë trouble : tenez, cela m'avoit fâché d'abord, mais à prefent je donnerois toutes

D

les Bergeres des Champs pour une mauvai-
se épingle : *& puis doucement*, mais, vous
n'avez peut-être plus envie de moi à cause
que j'ai été si bête ?

LA FE'E *charmée.*

Mon cher Arlequin, je te fais mon maître, mon mari ; oüi je t'époufe, je te donne mon cœur, mes richeffes, ma puiffan-
ce ; es-tu content ?

ARLEQUIN *en la regardant fur cela ten-*
drement.

Ah ! ma mie, que vous me plaifez : *&*
lui prenant la main, moi, je vous donne ma
Perfonne, & puis cela encore, *c'eft fon Cha-*
peau, & puis encore cela, *c'eft fon Epée.*

Là-deffus en badinant il lui met fon Epée au
côté, & dit en lui prenant fa Baguette :

Et je m'en vais mettre ce bâton à mon côté.

Quand il tient la Baguette, LA FE'E
inquiète lui dit :

Donnez, donnez-moi cette Baguette,
mon fils, vous la cafferez.

ARLEQUIN *fe reculant aux approches*
de la Fée, tournant au tour du Théatre &
d'une façon repofée :

Tout doucement, tout doucement.

LA FE'E *encore plus allarmée.*
Donnez donc vîte ? j'en ai befoin.

ARLEQUIN *alors la touche de la Baguette adroitement, & lui dit :*

Tout beau, aſſoïez-vous là ? & ſoïez ſage.

LA FE'E *tombe ſur le ſiege de gazon mis au près de la grille du Théatre, & dit :*

Ah ! je ſuis perduë, je ſuis trahie.

ARLEQUIN *en riant.*

Et moi je ſuis on ne peut pas mieux : oh ! oh ! vous me grondiez tantôt, parce que je n'avois pas d'eſprit ; j'en ai pourtant plus que vous.

Arlequin alors fait des ſauts de joie, il rit, il danſe, il ſifle, & de temps en temps va au tour de la Fée, & lui montrant la Baguette.

Soïez bien ſage, Madame la Sorciere, car, voïez bien cela : *alors il appelle tout le monde.* Allons, qu'on m'apporte ici mon petit cœur ; Trivelin, où ſont mes Valets & tous les Diables auſſi, vîte, j'ordonne, je commande, ou par la ſembleu...

Tout accourt à ſa voix.

SCENE DERNIERE.

SILVIA *conduite par* TRIVELIN, LES DANSEURS, LES CHANTEURS ET LES ESPRITS.

ARLEQUIN *courant au devant de de Silvia, & lui montrant la Baguette.*

MA chere amie, voilà la machine, je fais Sorcier à cette heure, tenez, prenez, prenez, il faut que vous soïez Sorciere aussi.

Il lui donne la Baguette.

SILVIA *prend la Baguette en sautant d'aise, & dit :*

Oh ! mon Amant, nous n'aurons plus d'envieux.

A peine Silvia a-t-elle dit ces mots, que quelques ESPRITS s'avancent, & l'un d'eux dit :

Vous êtes notre Maîtreſſe, que voulez-vous de nous ?

Silvia ſurpriſe de leur approche ſe retire, & a peur, & dit :

Voilà encore ces vilains hommes, qui me font peur.

ARLEQUIN fâché.

Jarni, je vous apprendrai à vivre.

A Silvia.

Donnez-moi ce Bâton, afin que je les roſſe.

Il prend la Baguette, & enſuite bat les Eſprits avec ſon épée, il bat après les Danſeurs, les Chanteurs, & juſqu'à Trivelin même.

SILVIA *lui dit en l'arrêtant :*

En voilà aſſez, mon ami.

ARLEQUIN *menace toûjours tout le monde, & va à la Fée qui eſt ſur le banc, & la menace auſſi.*

SILVIA *alors s'approche à ſon tour de la Fée & lui dit en la ſaluant.*

Bon jour, Madame, comment vous portez-vous ? Vous n'êtes donc plus ſi méchante ?

LA FÉE *retourne la tête en jettant des regards de fureurs ſur eux.*

SILVIA.

Oh ! qu'elle eſt en colere !

ARLEQUIN *alors à la Fée.*

Tout doux , je suis le maître ; allons qu'on nous regarde tout à l'heure agréablement.

SILYIA.

Laissons-la , mon amie , soïons genereux : la compaffion eft une belle chofe.

ARLEQUIN.

Je lui pardonne , mais je veux qu'on chante , qu'on danfe , & puis aprés nous irons nous faire Roi quelque part.

FIN.

APPROBATION.

J'Ai lû par l'Ordre de Monseigneur le Chancelier une Comedie qui a pour titre : *Arlequin poli par l'Amour* ; & j'ai crû que l'impreſſion en ſeroit agréable au Public. A Paris ce 2. Juin 1723.

Signé DANCHET.

& de tous dépens , dommages & intérêts : A la
charge que ces Préfentes feront enregiftrées tout
au long fur le Regiftre de la Communauté des
Imprimeurs & Libraires de Paris, & ce dans trois
mois de la date d'icelles ; Que l'impreffion de ce
Livre fera faite dans nôtre Roïaume,& non ailleurs,
en bon papier & en beaux caractères , conformément
aux Réglemens de la Librairie , & qu'avant que
l'expofer en vente, le Manufcrit ou imprimé qui
aura fervi deCopie à l'Impreffion dudit Livre, fera
remis dans le même état où l'approbation y aura
été donnée , és mains de nôtre tres-Cher & Féal
Chevalier Garde des Sceaux de France le fieur Fleuriau d'Armenonville : Et qu'il en fera enfuite remis
deux exemplaires dans nôtre Bibliotheque publique,
un dans celle de nôtre Château du Louvre, & un
dans celle de nôtre trés-cher & féal Chevalier-Gar-
de des fceaux de France, le fieur Fleuriau d'Armenonville : Le tout à peine de nullité des préfentes ,
du contenu defquelles vous mandons & enjoignons
de faire joüir ledit Sieur Expofant ou fes ayans cau-
fe , pleinement & paifiblement, fans fouffrir qu'il
leur foit fait aucun trouble ou empêchemens : Vou-
lons que la copie defdites Préfentes, qui fera im-
primée tout au long au commencement ou à la fin
dudit Livre, foit tenuë pour dûëment fignifiée, &
qu'aux Copies collationnées par l'un de nos Amez
& Feaux Confeillers & Secretaires, foi foit ajoû-
tée comme à l'Original ; Commandons au premier
nôtre Huiffier ou Sergent de faire pour l'execution
d'icelles tous Actes requis & néceffaires , fans demander autre permiffion, & nonobftant Clameur de
Haro , Charte Normande , & Lettres à ce con-
traires. CAR TEL EST NÔTRE PLAISIR. Donné
à Paris le quatriéme jour du mois de Juin, l'An de
grace mil fept cens vingt-trois , & de nôtre Re-
gne le huitiéme.

- *Signé*, Par le Roi,en fon Confeil, DE S.HILAIRE.

Il est ordonné par l'Edit du Roi, du mois d'Août 1686. & Arrest de son Conseil, que les Livres dont l'impression se permet par Privilege de Sa Majesté, ne pourront être vendus que par un Libraire ou Imprimeur.

Registré sur le Registre V. de la Communauté des Imprimeurs & Libraires de Paris, page 270. No. 544. conformément aux Reglemens, & notamment à l'Arrest du Conseil du 13. Aoust 1703. A Paris le 19. Juin 1723.

B A L L A R D , Syndic.